기획 **사물궁이 잡학지식**
원작 **아이들나라**
각색 **조영선**

사물궁이의 찾아라! 궁금이 카드

③ 궁이의 마지막 선택

이울북

기획의 글

살다 보면 이런저런 궁금증이 많이 생기지만, 가끔은 너무 사소해서 어디 물어보기 어려운 궁금증이 생기기도 합니다. 어렸을 때 저는 사소한 궁금증이 많았는데, 실제로 그 궁금증을 해결하려고 한 적은 없는 것 같아요. 사소한 궁금증은 잠깐만 딴생각하면 머릿속에서 금방 사라지기 때문이지요. 그래서 궁금해하다가도 잊어버리는 과정을 어른이 될 때까지 반복했습니다. 아마 많은 사람이 그럴 것이라고 생각해요.

그러다 문득 이런 사소한 궁금증을 해결하고 싶다는 생각이 들었어요. 처음 이 생각이 든 장소는 미용실이었지요. 미용사가 머리를 감겨 주는데 목에 힘을 빼라고 했고, 저는 힘을 빼면 무거울 텐데 왜 그렇게 말하는지 궁금해졌습니다. 이후 여러 미용사에게 물어봤고, 사소해 보이는 행동에도 많은 이유가 있다는 것을 깨닫게 됐어요. 그때부터 살면서 궁금했던 사소한 궁금증을 찾아서 해결하기 시작했고, 영상으로 남긴 것을 많은 사람이 좋아해 주어서 지금까지 해 오고 있답니다.

아주 오랜 기간 사소한 궁금증을 풀면서 깨달은 것이 있어요. 분명 사소할 줄 알았던 것을 파헤치다 보면 늘 이유가 있고, 그것은 절대 사소한 것이 아니라는 사실 말이에요. 세상에 사소한 궁금증은 없습니다. 이 책을 읽다 보면 알게 될 거예요. 그걸 깨달았을 때 얻는 기쁨을 여러분도 함께 느낄 수 있으면 좋겠습니다.

사물궁이 잡학지식

원작의 글

밥을 먹다가, 길을 걷다가, 잠들기 직전에 그리고 예기치 못한 어떤 순간, 머릿속에 궁금증이 확 떠오를 때가 있지요? 어디에 물어야 할지 모르겠지만 꼭 알아내고 싶은 궁금증이 가끔 우리 머릿속을 스치곤 해요. '아이들나라'는 이런 궁금증을 보다 재미있게 해결할 방법을 고민했습니다. 유튜브 채널 '사물궁이 잡학지식'을 보며 어른들보다 궁금한 게 더 많을 어린이 친구들을 위한 사물궁이 콘텐츠를 만들어야겠다는 생각을 하게 되었지요. 그렇게 아이들나라의 오리지널 콘텐츠 '사물궁이의 찾아라! 궁금이 카드'가 탄생했습니다.

'사물궁이의 찾아라! 궁금이 카드'는 인간 세계를 정복하려는 마법 세계의 악당 '롤로지'의 계략으로 어려진 '궁이'가 일상 속 다채로운 궁금증을 풀어 나가는 여정을 담고 있어요. 때로는 그럴싸하고, 때로는 엉뚱한 궁금증을 품는 궁이의 여정을 아이들나라에서 많은 친구들이 즐겨 주었는데요. 큰 사랑을 받은 '사물궁이의 찾아라! 궁금이 카드'가 새로운 매력으로 더 많은 친구들에게 다가갔으면 하는 마음을 담아 이 책을 만들게 되었답니다.

지금도 끊임없이 궁금증이 넘쳐 날 우리 친구들! 소중한 일상에서 품는 재미있는 궁금증들을 이 책을 통해 조금이나마 풀 수 있기를 바라요. 더불어 이 책을 발판 삼아 여러분만의 궁금이 카드를 만들어 보고, 궁금이 카드가 평생을 살아가는 삶의 보물이 되기를 기원합니다.

차례

기획·원작의 글 ······· 4

오늘의 궁금증 ①
음식을 땅에 떨어뜨렸을 때 빨리 주워 먹으면 괜찮을까? ···················· 9

오늘의 궁금증 ②
양치하고 잤는데 왜 아침에 입 냄새가 날까? ····· 18

오늘의 궁금증 ③
손톱은 왜 잘라도 안 아플까? ························ 28

오늘의 궁금증 ④
연필로 쓴 글씨가 어떻게 지우개로 지워질까? ··· 38

오늘의 궁금증 ⑤

가만히 있어도 물에 뜰 수 있을까? ············ 48

오늘의 궁금증 ⑥

눈썹은 왜 머리카락처럼 길게 안 자랄까? ········ 58

오늘의 궁금증 ⑦

물고기는 바닷물이 짜지 않을까? ················ 68

에필로그

궁이의 마지막 선택 ······ 78

궁금증 상담소 ············ 86

등장인물 소개

"궁금증을 가진다면 무엇이든 알아낼 수 있어!"

"내 지식으로 너의 궁금증을 해결해 줄게."

학사모
인류 최초의 학사모. 롤로지의 어설픈 마법으로 잠들어 있던 인격이 깨어났다. 지식이 풍부하여 궁이의 궁금증에 늘 해답을 준다.

궁이
세상의 모든 것이 궁금한 8살 어린이. 롤로지의 마법으로 어려졌다. 세상에 흩어진 궁금이 카드를 모아 다시 백만 너튜버로 성장하는 것이 목표다.

"롤로지 님은 최고이십니다, 롤롤~."

"인간의 궁금증을 막고 이 세계를 정복할 테다!"

롤로지
부하들과 함께 궁이를 방해하는 괴팍한 악당. 지식이 부족해 마법을 쓸 때마다 꼭 실수한다. 일을 제대로 하지 못해서 마법 세계의 압박을 받는다.

음식을 땅에 떨어뜨렸을 때 빨리 주워 먹으면 괜찮을까?

롤로지의 너튜브 채널 때문에 궁이는 한동안 기운이 없었어요.
"오늘 날씨가 좋은데 공원에 나가 보는 건 어때?"
학사모의 말에 궁이가 기운을 내 보기로 했어요. 도시락을 싸서 공원에 갔지요. 화창한 날씨 덕분에 주변 풍경이 여느 때보다 선명하고 예뻤어요.

"카메라도 가져오길 정말 잘했어."
이렇게 말하며 궁이가 집은 것은
도시락 통이었어요.

그때 벤치 뒤에서 갑자기 롤로지가 나타났어요.
"내가 좋아하는 딸기잖아? 나도 먹겠다!"
롤로지는 궁이가 싸 온 딸기를 보며 군침을 흘렸어요.

궁이와 롤로지가 힘겨루기를 하는 통에 딸기가 땅에 떨어지고 말았어요.

"아까워라! 롤로지, 너 때문이잖아."

롤로지를 나무라던 궁이가 깜짝 놀랐어요. 롤로지가 땅에 떨어진 딸기를 얼른 주워 먹었기 때문이에요.

궁이가 질문하자 궁금이 카드가 빛을 내며 나타났어요.

"또 내 말을 믿지 않고 궁금증을 품은 것이냐?"

머리 위에 둥둥 떠 있는 궁금이 카드를 보며 롤로지가 투덜댔어요.

음식을 땅에 떨어뜨렸을 때 빨리 주위 먹으면 괜찮을까?

 땅에 떨어진 음식이라도 3초 안에 먹으면 괜찮다는 소리 못 들어 봤어?

 이론적으로 틀린 말은 아니야.

세균의 이동 속도는 달팽이보다도 느려. 1초에 겨우 0.2mm를 움직이지. 그러니 3초 안에 주우면 세균이 음식에 달라붙지 못했을 수도 있어.

 롤로지 말이 사실이란 말이야?

 캬캬! 역시 내 말이 맞구나!

 하지만 어떤 음식을 어디에 떨어뜨렸는지가 중요해.

아래 실험을 한번 살펴보자. 먼저 카펫과 타일 위에 각각 세균을 뿌린 다음, 동시에 소시지를 두었어. 그리고 3초 후 세균이 얼마나 붙었는지 관찰했지.

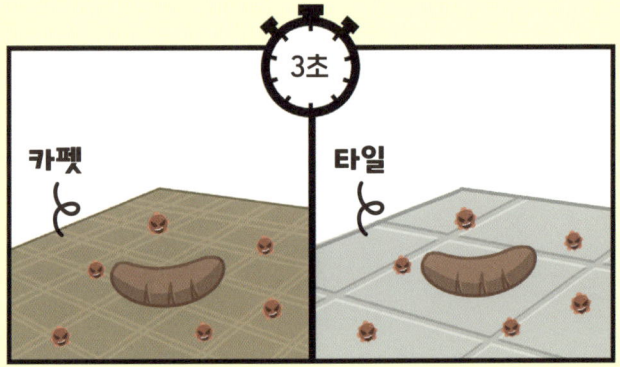

 3초 정도라면 소시지에 세균이 안 묻었을 것이다!

 나는 평소에 먼지가 잘 묻는 카펫 쪽 소시지에 세균이 많이 묻었을 거 같아.

실제로는 타일 위에 있는 소시지에 훨씬 많은 세균이 묻었어.
바닥이 평평할수록 음식물과 닿는 면적이 더 넓기 때문이지.
카펫은 면직물이라 세균의 이동이 어렵기도 해.

자, 이번에는 음식을 같은 곳에 떨어뜨린 다음, 한 번은 30초 동안, 한 번은 300초 동안 둬 봤어.

 당연히 300초 동안 둔 음식에 더 많은 세균이 묻는 거 아니야?

맞아. 그런데 세균이 묻는 속도가 점점 빨라진다는 걸 알 수 있었어. 열 배 오랜 시간 두었지만 세균은 열 배 이상 묻었지.

또, 물기가 많은 음식일수록 세균이 더 빠르게 붙을 수 있어. 과자와 딸기가 있으면 물기가 더 많은 딸기에 세균이 더 빨리 붙지.

롤로지는 진실을 알게 되었지만, 궁이에게 지는 것이 싫어서 허세를 부리기로 했어요.
"이 위대한 롤로지 님이 그따위 세균을 무서워하겠냐?"
그러면서 땅에 떨어져 있던 딸기를 하나 더 주워 먹었어요.

롤로지가 아파하자 학사모가 놀리듯 설명했어요.

"음식을 통해 나쁜 세균이 몸에 들어가면 설사를 하거나 열이 나고 토할 수도 있지."

"헉! 정말이냐?"

롤로지는 뒤늦게 후회하며 아픈 배를 붙잡고 화장실로 뛰어갔어요.

'롤로지가 또 엉터리 영상을 올리면 구독자들이 피해를 볼 텐데.'
뛰어가는 롤로지를 보며 궁이는 다시 생각에 잠겼어요.

오늘의 궁금증??
양치하고 잤는데 왜 아침에 입 냄새가 날까?

하루의 일과를 모두 마친 저녁, 궁이와 롤로지는 각자의 집에서 양치질하며 잠자리에 들 준비를 하고 있었어요.

궁이는 하는 둥 마는 둥 칫솔질을 대충 하고는 입을 헹궜어요.
"궁이야, 3분은 해야지. 너무 빨리 끝내는걸?"
학사모가 지적했지만, 궁이는 졸렸는지 바로 방으로 들어갔어요.

반면 롤로지는 이를 열심히 닦았어요. 며칠 전 이가 아파서 치과에 갔었거든요. 그날의 아픔을 떠올릴 때마다 칫솔질은 더 빨라졌어요.

다시는 치과에 가지 않겠다!

치과는 무섭습니다, 롤로.

알람이 울려도 궁이가 일어나지 않자, 학사모가 궁이를 깨웠어요.
"궁이야, 일어날 시간이야!"
그래도 궁이가 일어나지 않자 학사모는 궁이에게 더 가까이 다가갔어요.

웬 고약한 냄새 때문에 궁이와 학사모가 동시에 얼굴을 찌푸렸어요.

"이게 무슨 냄새지?"

"궁이, 네 입 냄새인 것 같은데? 너무 지독해."

학사모는 재빨리 궁이와 멀리 떨어졌어요.

한편 롤로지의 부하들도 늦잠 자는 롤로지를 열심히 깨웠어요.

롤로지처럼 입 냄새에 놀라 잠이 깬 궁이는 양치하고 잤는데도 왜 아침에 입 냄새가 나는지 궁금했어요.

"양치 후에 아무것도 안 먹고 바로 잤는데…. 왜 입 냄새가 나지?"

양치하고 잤는데 왜 아침에 입 냄새가 날까?

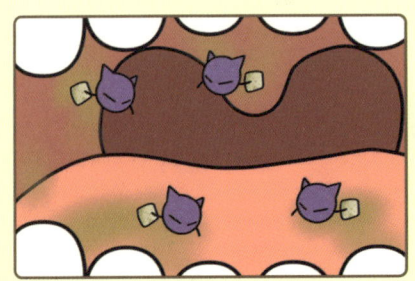 

입 냄새를 나게 하는 범인은 바로 세균이야.
세균은 입안 곳곳에 있는데, 침에 의해 목구멍으로 쓸려 넘어가지.

그런데 우리가 잠들면 침이 덜 나오게 되고, 침에 쓸려 나가는 세균도 적어져. 그러면 밤새 세균이 늘어서 입 냄새가 나기 쉬워지지.

❓❓ 입 냄새가 덜 나게 하려면 어떻게 해야 할까? 💀💀

 그러면 세균이 모두 사라질 때까지 양치를 오래 해야 할까?

 양치를 오래 해도 모든 세균을 없앨 수 없어. 그 대신 줄일 수는 있지.

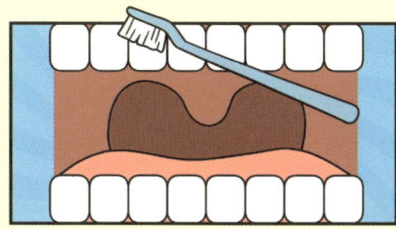 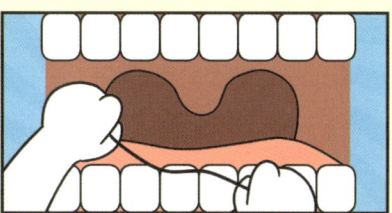

양치를 꼼꼼히 하는 게 제일 중요해. 이 사이사이에 낀 음식물이 입안의 습한 환경과 만나 세균을 늘어나게 하거든. 잇몸에 너무 자극이 되지 않도록 꼼꼼히 닦아 주는 게 좋아. 치실까지 사용하면 도움이 되겠지.

입을 벌리고 자면 침이 더 잘 마르니까 입을 다물고 자는 게 좋아. 일어나서 따뜻한 물을 마시면 입 냄새가 덜해지지.

"윽, 학사모, 너도 입 냄새가 나는 거 같은데?"
학사모의 입 냄새에 궁이가 코를 막자 학사모가 부끄러워했어요.
"이크, 얼른 따뜻한 물 마시러 가자."

롤로지는 궁이와 학사모의 대화를 엿듣고 집에 돌아와 영상을 만들었어요.
"오늘도 엉터리 영상을 올려서 구독자를 모아야지!"
"역시 롤로지 님은 천재이십니다, 롤롤."

한편 궁이도 오랜만에 궁금증 해결 영상을 찍었어요. 롤로지의 엉터리 영상 때문에 피해를 볼 구독자들이 계속 신경 쓰였거든요.

손톱은 왜 잘라도 안 아플까?

'롤로지 TV'에 위기가 찾아왔어요. 사람들이 더 이상 엉터리 내용을 담은 영상을 좋아하지 않았거든요. 롤로지는 영상의 댓글을 보다가 심통이 났어요.

"댓글이 다 왜 이 모양이냐! 그동안 재밌다고 하더니."

"구독자 수가 떨어졌습니다, 롤롤."

> 롤로지는 거짓말쟁이!

> 롤로지 따라 하다가 엄마한테 혼났어요.

> 다시는 안 봅니다. 구독 취소!

> 큰일입니다, 롤롤.

> 궁이 녀석이 무슨 수를 썼나…?

한편 궁이는 학교가 끝나고 집으로 돌아가고 있었어요. 아침에 본 댓글 덕에 신이 나서 노래를 흥얼거렸지요.
"사람들이 다시 내 영상을 좋아해 주고 있어!"

그런 궁이를 롤로지가 건물 뒤에 숨어서 몰래 지켜보았어요. 궁이를 골탕 먹일 기회를 노렸지요.

"어이, 궁이! 조심성이 없구나? 나에게 가방을 빼앗기다니."
롤로지는 궁이를 놀리다가 궁이가 아파하는 모습을 보고 멈칫했어요.
"어라? 너, 왜 그러냐?"

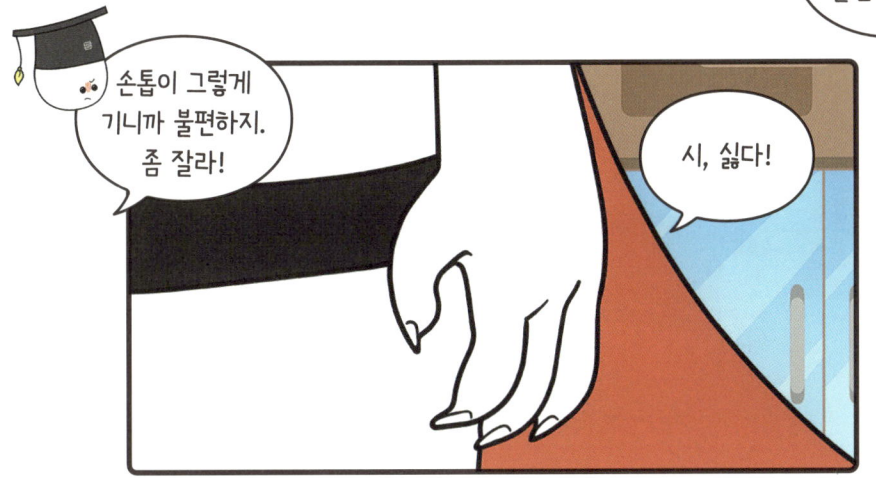

"그게 무슨 소리야? 손톱을 자르는데 왜 아파?"

궁이는 롤로지의 말을 이해할 수 없었어요. 지금껏 손톱을 자르면서 아픈 적이 없었거든요.

"예전에 잘라 봤는데, 너무 아파서 이젠 안 자른다."

롤로지의 말에 궁이는 문득 궁금해졌어요.
"손톱도 살에 붙어 있는 건데, 왜 잘라도 아프지 않을까?"
그러자 역시나 궁금이 카드가 나타났어요.

"롤로지, 일단 나랑 같이 우리 집으로 가자. 손톱 자르면서 학사모의 설명을 들어 보자고."
롤로지는 궁이의 기세에 눌려 궁이를 따라갔어요.

손톱은 왜 잘라도 안 아플까?

 손톱 자르기 싫다! 안 아프니까 얼른 자르라고.

 진정하고, 먼저 손톱이 어떻게 만들어지는지 살펴보자.

손톱은 피부의 가장 바깥층이 각질처럼 변해서 생긴 거야.
피부 세포지만 '케라틴'이라는 단백질이
여러 층으로 겹겹이 쌓여 있기 때문에 단단하지.

 손톱도 피부니까 자르면 당연히 아프지!

 듣고 보니 그러네.

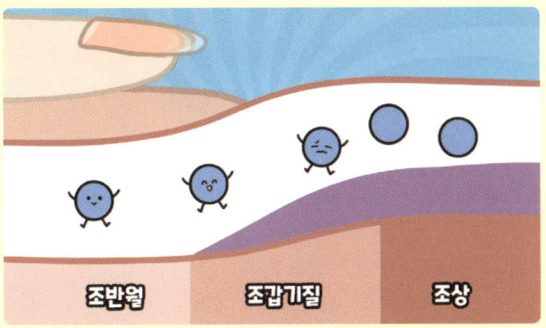

손톱 아래쪽을 보면 반달 모양으로 하얀 부분이 있는데, '조반월'이라고 불러. 조반월 아래쪽 깊은 곳에서부터 계속해서 새로운 세포가 만들어져.

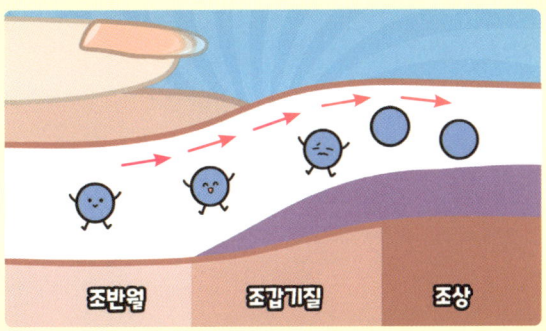

이때 새로운 세포들이 오래된 세포들을 밖으로 밀어내면서 손톱이 자라는 거야. 그러면 오래된 세포들은 각질처럼 변하는데, 혈관과 신경이 없는 죽은 세포가 되는 거지.

 이미 죽은 세포라서 잘라도 아프지 않은 거였구나.

 안 아프다고 해서 꼭 손톱을 잘라야 하는 건 아니다!

 하지만 손톱을 자르지 않으면 여러 가지 문제가 생겨.

?? 손톱을 짧게 관리해야 하는 이유

긴 손톱 때문에 다른 사람은 물론, 자신에게도 상처를 낼 수 있어.
또, 손톱이 길면 세균, 이물질 등이 잘 껴서
손을 씻어도 쉽게 감염이 될 수 있지.

 그러면 차라리 손톱이 없는 게 낫겠다!

 손톱은 손가락 끝을 단단하게 만들어 줘.
손톱 덕분에 물건을 집고 다루기 편한 거지.

그러면 어떡하라는 거냐?

그냥 손톱을 적당히 잘라.

쏘옥~

"오, 웬일로 쉽게 허락해 주네? 좋아. 멋지게 찍어 주지."
궁이는 휴대폰 카메라를 켜고 실시간 방송을 시작했어요. 그러자 갑자기 롤로지가 카메라 가까이 확 다가와 자신의 채널을 홍보했어요.

연필로 쓴 글씨가 어떻게 지우개로 지워질까?

궁이는 오늘도 어김없이 일기를 쓰고 있었어요. 학사모는 그런 궁이의 모습에 감동했어요.

"궁이는 일기를 정말 열심히 쓰는구나?"

"응, 재미있었던 일을 일기에 써 두면 영상을 만드는 데에도 도움이 되거든."

궁이는 오늘 일기의 마지막 부분에 자신의 목표도 적었어요.

궁이가 지우개를 찾으러 간 사이, 롤로지가 노크도 없이 문을 열고 들어왔어요.
"궁이 녀석! 매일 일기를 쓰고 있다고?"
롤로지는 궁이와 학사모의 대화를 모두 엿듣고 있었어요.

"이 일기장에 궁이의 비밀이 적혀 있겠지?"
궁이의 약점을 알고 싶었던 롤로지가 이때다 싶어 궁이의 일기장을 훔쳐봤어요. 하지만 롤로지가 원했던 내용은 찾을 수 없었어요.

궁이는 롤로지가 일기장에 마음대로 쓴 글을 지우개로 벅벅 지웠어요. 그걸 지켜보던 롤로지가 깜짝 놀랐어요.
"너, 이제 마법도 쓰는 것이냐? 그건 무슨 마법이냐?"

"숨은 이유 같은 건 없어! 마법이 확실하다. 너, 그거 어디서 났냐?"
롤로지는 계속 지우개가 마법 도구라고 믿는 것 같았어요.
"이건 마법 도구가 아니고 지우개야. 문구점에서 샀어."

롤로지가 지우개를 빼앗아 갔지만 궁이는 아무렇지 않았어요.
'가지고 싶다면 하나 주지, 뭐. 집에 많으니까.'

연필로 쓴 글씨가 어떻게 지우개로 지워질까?

종이의 표면은 평평해 보이지만, 자세히 보면 울퉁불퉁해.
연필심의 흑연이 울퉁불퉁한 종이 표면과 부딪치면서 가루가 떨어지는데, 그 흔적을 우리가 보는 거야.

 흑연 가루가 종이에 떨어지면서 글씨가 적히는 것처럼 보이는구나?

 맞아. 실제로는 종이에 흑연을 묻히는 거지.

그럼 지우개는 종이에 묻은 흑연 가루를 떼어 내는 건가?

오, 제법인걸?

지우개는 고무나 플라스틱으로 만들어.

종이 표면에 묻은 흑연 가루는 종이가 잡아당기고 있는데, 고무나 플라스틱이 흑연 가루를 잡아당기는 힘이 더 강해서 흑연 가루를 종이에서 떼어 낼 수 있어.

 지우개 똥이 잔뜩 생겼어.

 흑연 가루와 지우개 성분이 마구 섞인 찌꺼기야.

한편 롤로지도 궁이처럼 일기를 써 보기로 했어요.
"궁이 채널의 인기는 일기에서 나온 것! 일기를 쓰면 내 채널도 다시 인기를 얻겠지?"

롤로지는 글씨를 볼펜으로 썼기 때문에 지워지지 않았어요. 하지만 그 사실을 전혀 모르는 롤로지는 애꿎은 지우개에 화풀이를 했답니다.

가만히 있어도 물에 뜰 수 있을까?

오늘은 궁이가 수영장에 가는 날이에요.
수영을 배우는 것은 처음이라 궁이는 심장이 두근거렸어요. 몹시 긴장되었지요.

"그런데… 나는 물이 무서워. 수영을 꼭 배워야 할까?"
궁이는 물에 빠져 고생했던 기억이 떠올라 수영장 입구에서 주저했어요. 그러자 학사모가 궁이를 북돋아 주었어요.
"물에서의 안전이 중요하니까, 생존 수영은 배워 둬야지."

선생님의 신호에 맞춰 준비 운동을 하던 아이들이 호루라기 소리를 듣고 모두 물 위에 누웠어요.

"우아! 모두 물에 떴어!"

다들 가만히 누워만 있는데도 떠 있는 모습이 신기했어요.

"어? 이 카드는 뭐니?"

선생님이 궁금이 카드에 대해 묻자, 궁이가 친절히 설명해 주었어요. 그러고는 새로운 궁금증에 대해 질문했어요.

"예전에 한 10대 소년이 물놀이하다 바다에 빠졌는데, 30분간 '누워 뜨기' 자세로 버텨서 무사히 구조된 일도 있었단다."
"우아, 정말요?"
궁이는 침착하게 생존 수영을 한 아이가 대단하게 느껴졌어요.

가만히 있어도 물에 뜰 수 있을까?

 걱정 마. 사람은 누구나 물에 뜰 수 있어. '부력' 덕분이지.

 부력이 뭐야?

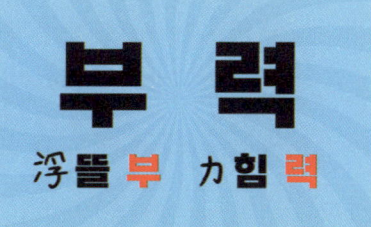

물 위에 사람이 누우면 몸은 중력 때문에 아래로 내려가려 해.
반면 물은 몸을 위로 밀어 올려서 띄우려고 하지.
이때 위로 밀어 올리는 힘이 바로 부력이야.

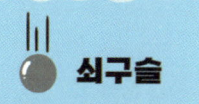

 이상한걸? 사람보다 훨씬 가벼운 쇠구슬은 왜 물에 가라앉아?

부력은 물과 닿는 면적의 영향을 받아.
물과 닿는 면적이 넓을수록 부력의 힘을 더 잘 받을 수 있어.
서 있을 때보다 누워 있을 때 뜨기 쉬운 것도 이 때문이지.

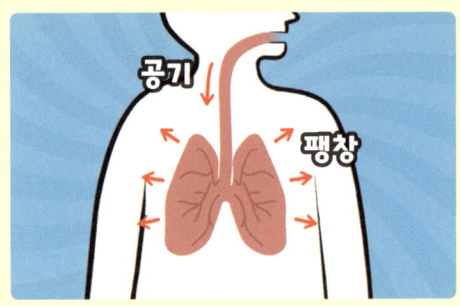

사람마다 차이는 있지만 공기를 들이마시면 폐가 풍선처럼 커져서 구명조끼 없이도 물에 뜰 수 있게 돼.

구명조끼가 없어도요?

무서운데….

팔다리를 허우적대지 않아도 몸이 저절로 뜨게 된단다.

다양한 생존 수영 자세

누워 뜨기

엎드려 뜨기

새우등 뜨기

생존 수영에는 다양한 자세가 있어.
누워 뜨기, 엎드려 뜨기, 새우등 뜨기를 익히면
물에서 위급할 때 도움이 될 거야.

물론 안전을 위해서는
구명조끼를 입는 것이 제일 중요해.
또, 자신의 키에 맞는 깊이에서
물놀이를 즐기는 것이 좋겠지.

마지막으로,
물놀이는 지켜보는
어른이 있는
곳에서!

네,
선생님!

쏘옥~

"오! 저도 물에 떠요!"
선생님의 지시대로 간단한 동작을 했을 뿐인데 궁이의 몸이 물에 떴어요. 어느새 궁이는 물이 무섭지 않았어요.

아이들이 모인 곳으로 가 보니, 롤로지가 수영하고 있었어요. 몰래 궁이를 따라왔다가 우연히 생존 수영을 배운 거예요.
"그새 저렇게 수영을 잘하게 된 거야?"
그동안 롤로지를 무시했던 궁이도 롤로지의 수영 실력만큼은 인정할 수밖에 없었어요.

눈썹은 왜 머리카락처럼 길게 안 자랄까?

오늘도 신나게 노는 아이들의 웃음소리가 놀이터를 가득 채웠어요. 이 놀이터에는 재미있는 놀이기구가 많아서 궁이가 매일 가는 곳이기도 해요.

야호! 오늘도 신나게 놀아 볼까?

우아~

궁이가 시소 근처에 가자, 시소에 앉아 있던 한 친구가 반갑게 인사했어요. 오랜만에 만나는 친구였지요.
"궁이야! 우리 오랜만이다."

궁이는 친구의 머리카락이 가장 먼저 눈에 띄었어요.
"머리 예쁘다. 전보다 머리카락이 훨씬 더 길어진 거 같은데?"
"맞아. 그동안 안 자르고 계속 길렀거든."

"지금까지 눈썹을 잘라 본 적은 없어….”
친구의 말에 곰곰이 생각하던 궁이가 문득 질문을 던졌어요.
"눈썹은 왜 머리카락처럼 길게 자라지 않을까?”
그러자 오늘도 궁금이 카드가 나타났어요.

'최근에 롤로지 채널의 구독자 수가 떨어지더니… 사람들이 안 보기 시작했나 보군. 역시 내가 잘하고 있는 거였어.'
궁이가 생각에 잠겨 있자, 학사모가 나섰어요.
"자, 딴생각은 그만하고 질문에 대한 답을 알아볼까?"

눈썹은 왜 머리카락처럼 길게 안 자랄까?

🎓 털도 성장기가 있다는 거 아니?

🙂 성장기? 아이에서 성인, 그다음에 노인이 되는 것처럼?

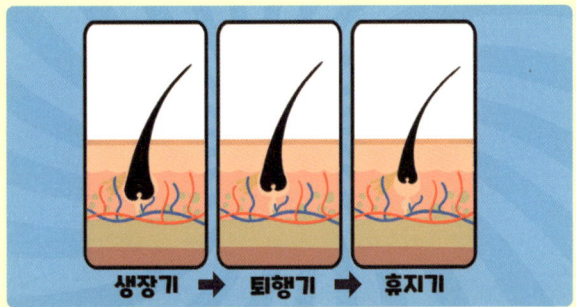

생장기 ➡ 퇴행기 ➡ 휴지기

우리 몸의 털은 3단계를 거쳐. 먼저 '생장기'는 털이 자라나는 기간을 의미해. 생장기가 끝나면 털은 퇴행기, 휴지기를 지나 몸에서 자연스럽게 떨어져 나오지.

 아, 그러면 세 단계를 다 거친 머리카락과 털들이 바닥에 떨어져 있던 거구나!

사람마다 조금씩 다르지만, 머리카락의 생장 주기는 3~7년 정도로 알려져 있어. 생장기가 긴 사람일수록 머리를 길게 기를 수 있지.

반면 눈썹의 생장기는 1~2개월 정도야. 길게 자라기 전에 빠지기 때문에 눈썹은 항상 짧게 유지되는 거야.

 머리카락과 눈썹의 생장기는 차이가 엄청 많이 나는구나.

 그러면 팔이나 다리에 있는 털이 길게 자라지 않는 이유도 같겠네!

"눈을 완전히 덮어 버려서 불편하겠지?"
"보기에도 이상할 것 같아. 히히히."
눈썹이 머리카락처럼 길게 자라는 모습을 상상하니 궁이는 웃음이 절로 나왔어요.

"내 머리카락의 생장기가 짧기 때문일까? 아니면 롤로지의 마법 때문일까?"

"그게 뭐가 중요해? 궁이는 지금의 모습도 멋져!"

궁이는 친구의 칭찬에 기분이 한껏 좋아졌어요.

한편

눈썹은 생장 주기가 짧아서 길게 자라지 않는 거예요!

구독자 수가 다시 오르다니! 내가 나서야겠군.

눈썹도 길게 자랄 수 있다! 나중에는 발까지 닿을 정도로 길어진다고.

ㄴ 거짓말 좀 하지 마세요!
ㄴ 말도 안 돼!
ㄴ 거짓 정보로 신고합니다.

에잇!

내가 직접 보여 주지!

아브라카타브라!

롤로지의 마법이 성공하긴 했지만, 길어진 건 눈썹이 아니라 수염이었어요. 그래도 우스꽝스럽게 길어진 수염 덕분에 롤로지는 모처럼 '좋아요'를 많이 받게 되었어요.

물고기는 바닷물이 짜지 않을까?

궁이가 바닷가에 놀러 왔어요.
바닷가에는 낚시하는 아저씨들이 있었어요. 물 위로 점프하며 모습을 드러내는 물고기를 보니 주변에 물고기가 많은 것 같았어요.

"궁이 너, 더 이상 널 가만둘 수 없다!"
그때 어김없이 롤로지가 나타나서 궁이를 괴롭히려고 했어요.
"그만 포기해, 롤로지. 내 채널은 이미 인기가 많다고."

궁이와 롤로지는 모래사장에서 추격전을 벌였어요. 롤로지는 궁이를 따라다니느라 점점 힘이 빠졌어요.

"여기 온 사방에 물이 있습니다, 롤롤."
"그렇군. 눈앞에 두고도 몰랐네."
롤로지는 바로 바다로 달려가 허겁지겁 바닷물을 마시기 시작했어요.

"물고기들은 바닷물이 짜지 않나요? 어떻게 짠 바닷물 속에서 계속 살 수 있는 걸까요?"
궁이의 궁금증에 역시나 궁금이 카드가 나타났어요.
"나 좀 어떻게 해 줘라. 짠물을 마셨더니 목이 더 마르다!"
너무 괴로운 나머지 롤로지는 궁금이 카드가 안중에도 없었어요.

물고기는 바닷물이 짜지 않을까?

 바닷물이 짠 이유는 소금기, 즉 '염분'이 많아서 그래.

염분이 바닷물에만 있는 건 아니야. 바닷물보다는 훨씬 적지만 사람의 몸속에도 염분이 있어.

우리 몸은 염분이 너무 많으면 안 되기 때문에 바닷물같이 짠 걸 많이 먹으면, 몸속 세포들에 물이 많이 필요해. 그래서 전보다 더 갈증을 느끼게 되지.

그러면 물고기는 항상 갈증을 느끼겠네? 너무 안됐다.

 걱정 마. 물고기에게는 아가미가 있으니까!

물속에서 생활하는 어류는 보통 붉은 참빗 모양의 아가미가 있어.
물고기는 아가미를 통해 물속에 있는 산소를 얻어 숨을 쉬지.

 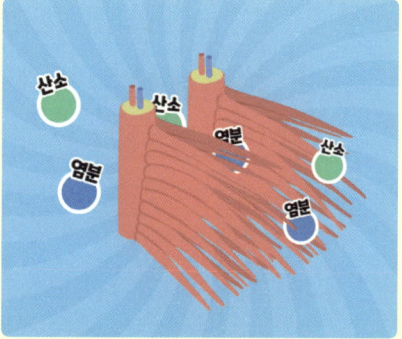

그리고 이 아가미로 물속의 염분을 흡수하기도 하고,
걸러 내기도 해.

게다가 물고기는 오줌으로도 또 한 번 염분을 배출하기 때문에, 몸속의 염분을 스스로 조절할 수 있어.

해수어
: 바다에서 사는 물고기

담수어
: 민물에서 사는 물고기

물론 강이나 계곡처럼 염분이 없는 민물에서 사는 물고기는 몸속의 염분을 조절하는 능력이 발달하지 않았어. 그래서 바다에서는 살 수 없지.

 민물에서 사는 물고기한테는 바닷물이 짤 수도 있겠네.

"궁금이 카드를 얻은 걸 축하한다, 궁이야."
"어? 제 이름을 아세요?"
아저씨가 궁이의 이름을 부르자, 궁이가 놀랐어요. 알고 보니 아저씨도 궁이 채널의 구독자였어요.

물론 이번에도 롤로지의 마법은 실패했어요. 물고기의 아가미 대신 지느러미가 양 볼에 생겨 버렸거든요.

그날 밤, 집에서 영상을 만들어 올리던 궁이는 학사모의 상태가 이상하다는 걸 깨달았어요.
"학사모, 아까부터 네 얼굴색이 조금 이상해."

전과 달리 학사모가 진지한 목소리로 궁이에게 말했어요.
"궁이야, 아무래도 이제 때가 온 것 같아."
"무슨 때가 왔다는 거야?"

 ## 궁이의 마지막 선택

"그동안 우리는 열심히 궁금이 카드를 모으며 채널을 성장시켰지."
"맞아, 학사모. 다 네 덕분이야."
궁이는 세상 모든 것에 궁금증을 품는 것이 늘 신나고 재미있었어요. 어느새 자신이 마법에 걸렸다는 사실도 잊고 있었지요.

마법이 풀리면 어떻게 되는 걸까?

어? 카드들이!

학사모가 잠시 요동치더니, 그동안 모았던 궁금이 카드가 모두 튀어나와 공중으로 흩어졌어요.

"궁금증들이 제자리로 돌아가나 봐!"

"으, 결국 일이 이렇게 되었군!"
창밖에서 낯선 목소리가 들리자 궁이가 깜짝 놀랐어요.
"누, 누구세요?"

"마법 세계에서 왔다!"

"학사모도 예전 모습으로 돌아가겠지! 어때? 지금의 모습으로 있겠느냐, 아니면 수백만 구독자를 가진 어른 궁이로 돌아가겠느냐? 하루 고민할 시간을 주겠다!"

궁이는 원래대로 돌아갈 수 있다는 사실에 기뻤지만, 지금처럼 학사모와 함께할 수 없다는 생각에 고민이 되었어요.

"자, 잠깐만요! 헉! 꿈이었잖아?"
궁이는 벌떡 일어나 앉았어요. 꿈이 너무 생생하게 느껴졌어요.
궁이의 꿈 이야기를 들은 학사모가 곰곰이 생각했어요.

마법사들이 꿈을 통해 말을 전한 것 같네.

궁이가 고민에 빠져 있을 때, 롤로지가 여행 가방을 끌고 나타났어요.
"어? 롤로지, 여행 가?"
"아니. 난 이제 여길 떠난다."

떠나는 롤로지의 모습을 보며 궁이는 더욱 고민스러웠어요.
"전으로 돌아가면 롤로지도 영영 잊어버리겠지?"
롤로지와 티격태격 다투던 것도 모두 소중한 추억이었거든요.
그때, 친구가 나타났어요.

친구와 대화를 나누던 궁이는 그동안 궁금증을 품고 해결하던 순간들을 떠올리며 미소를 지었어요.
"궁금증을 갖는다는 건 정말 멋진 일이야."

궁이가 추억을 되새기던 그때, 친구들의 궁금증이 쏟아졌어요.

"부끄러우면 왜 얼굴이 빨개질까?"

"비 올 때 뛰면 비를 덜 맞을까?"

"조개는 발 없이 어떻게 움직일까?"

궁이와 마찬가지로 세상 모든 것에 궁금증을 품기 시작한 친구들이 궁이를 찾았어요. 그러자 궁이는 주먹을 꽉 쥐었어요.

"그래, 결심했어! 이대로 학사모와 함께 친구들의 궁금증을 해결해 나갈 거야!"

마법사들의 경고에도 궁이는 전혀 두렵지 않았어요. 왜냐하면 궁금증은 그 어떤 마법보다 강한 힘을 가지고 있다는 걸 알기 때문이에요.

우유는 왜 종이 팩에 담을까?

종이 팩은 신선한 우유를 담는 데에 알맞아.

우유는 쉽게 상하기 때문에 오래 보관하지 않아. 신선도가 중요하지.

알루미늄 캔은 종이 팩에 비해 훨씬 비싼데, 빨리 먹어서 없앨 우유를 비싼 캔에 담을 필요는 없어.

또, 캔은 열을 잘 전달하는 성질이 있어서 쉽게 상하는 우유를 담기에 적합하지 않아.

종이 팩은 재활용이 쉬워서 환경 보호에도 유리해. 단, 분리배출을 잘해야겠지?

딱지는 왜 생길까?

딱지는 상처가 낫는 것을 도와주는 방어막이야.

핏속에는 적혈구, 백혈구, 혈소판 등이 있는데, 혈소판이 피를 멈추는 역할을 해.

상처가 생기면 혈소판이 몰려가서 출혈을 멈추고 피를 굳혀서 딱지가 생기지.

딱지는 새살이 올라올 동안 세균을 막아. 새살이 올라오면서 신경을 자극하기 때문에 가려움을 느낄 수 있어.

억지로 딱지를 떼면 회복하는 데 오래 걸리니까, 가려워도 조금만 참아.

갑자기 불이 켜지면 왜 눈을 뜨기 어려울까?

우리 눈은 갑작스러운 빛의 변화에 빨리 대처하기 어려워.

망막은 눈동자를 통해 들어온 빛을 감지하는 곳이야. 적은 양의 빛도 잘 감지하기 위해 '로돕신'이라는 물질이 나오지.

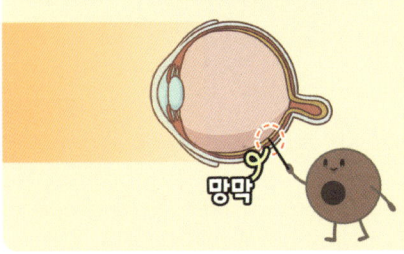

그런데 갑자기 강한 빛이 들어오면 로돕신이 분해되며 순간 눈앞이 새하얗게 보여.

이때 홍채가 눈동자의 크기를 작게 만들어서 눈으로 들어오는 빛의 양을 줄여.

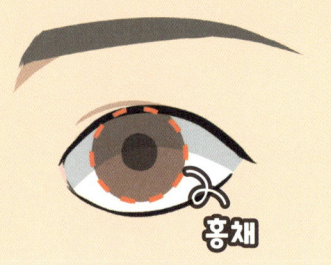

물론 홍채가 알맞게 움직이는 데는 시간이 걸려. 그래서 잠깐 눈을 뜨기 어려운 거야.

번개로 전기를 얻을 수 있을까?

번개에는 엄청난 양의 전기 에너지가 담겨 있어.

번개는 구름 안에 있는 작은 물방울과 얼음 알갱이가 서로 충돌하면서 생긴 전기가 바깥으로 흘러나오는 거야.

번개가 땅으로 떨어질 때마다 100와트 전구 10만 개를 약 1시간 동안 켤 수 있는 전기가 나온대.

100와트 전구 100,000개

하지만 너무 빨리 사라지기 때문에 번개를 전기로 사용하려면 적어도 1분에 한 번씩은 번개가 쳐야 해.

기술이 더 발전하면 번개를 전기로 사용할 날이 올지도 모르지.

멋져!

아플 때 왜 죽을 먹으라고 할까?

죽은 영양가가 많고 소화가 잘되는 음식이야.

몸이 아프면 소화 기능도 떨어져서 평소처럼 음식을 잘 소화시키지 못해.

조금만 먹어도 속이 더부룩해져서 입맛도 없기 마련이지.

그런데 죽은 맵거나 짜지 않고 부드러워서 소화가 잘되거든. 아픈 사람이 먹기 좋아.

또 다양한 재료를 갈아 넣어 영양가도 좋아. 아프지 않아도 먹기 참 좋은 음식이지.

폭죽의 불꽃은 어떻게 색이 다양할까?

폭죽은 화약과 함께 섞이는 물질에 따라 색이 달라져.

폭죽의 주요 물질은 '흑색 화약'이야. 흑색 화약은 여러 성분을 섞어서 만들지.

흑색 화약 = 질산 칼륨 + 숯 + 황

여기에 불을 붙이면 바로 터지게 되는데, 어떤 물질을 섞는지에 따라 색깔이 달라져.

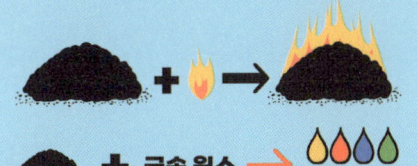

흑색 화약에 섞는 물질들은 탈 때 색깔을 내는 금속들이야. 고유한 불꽃색이 있지.

불꽃놀이는 중국에서 화약을 만들면서 시작되었다고 알려져 있어.

❸ 궁이의 마지막 선택

기획 | 사물궁이 잡학지식
원작 | 아이들나라 **각색** | 조영선

1판 1쇄 인쇄 | 2024년 4월 1일
1판 1쇄 발행 | 2024년 4월 16일

펴낸이 | 김영곤
이사 | 은지영
논픽션1팀장 | 류지상 **기획편집** | 권유정 **디자인** | 박숙희
아동마케팅영업본부장 | 변유경
아동마케팅1팀 | 김영남 정성은 손용우 최윤아 송혜수 **아동마케팅2팀** | 황혜선 이규림 이해림 이주은
아동영업팀 | 강경남 김규희 양슬기 **e-커머스팀** | 장철용 전연우 황성진
제작 | 이영민 권경민

펴낸곳 | ㈜북이십일 아울북
출판등록 | 2000년 5월 6일 제406-2003-061호
주소 | (10881) 경기도 파주시 회동길 201 (문발동)
전화 | 031-955-2417(기획개발) 031-955-2100(마케팅·영업·독자문의)
브랜드 사업 문의 | license21@book21.co.kr
팩스 | 031-955-2177 **홈페이지** | www.book21.com

© 아이들나라, 사물궁이 잡학지식, 2024
이 책을 무단 복사·복제·전재하는 것은 저작권법에 저촉됩니다.

ISBN | 979-11-7117-512-3 (74400)
ISBN | 979-11-7117-163-7 (세트)

* 잘못 만들어진 책은 구입하신 서점에서 교환해 드립니다.
* 가격은 책 뒤표지에 있습니다.

주의 1. 책 모서리가 날카로워 다칠 수 있으니 사람을 향해 던지거나 떨어뜨리지 마십시오.
   2. 보관 시 직사광선이나 습기 찬 곳을 피해 주십시오.

- 제조사명: ㈜북이십일
- 주소 및 전화번호: 경기도 파주시 회동길 201(문발동) / 031-955-2100
- 제조년월: 2024.4.16.
- 제조국명: 대한민국
- 사용연령: 5세 이상 어린이 제품

• 일러두기 맞춤법과 띄어쓰기는 《표준국어대사전》을 기준으로 삼았고, 외국의 인명, 지명 등은 국립국어원의 '외래어 표기법'을 따랐습니다.